A MM. LES DÉPUTÉS,

PAR

M. A. J. L.

> Un sot donne parfois un avis important.
>
> LA FONTAINE.

NISMES,
IMPRIMERIE DE LA VEUVE GAUDE.

1829.

A MM. LES DÉPUTÉS.

> Un sot donne parfois un avis important.
>
> LA FONTAINE.

Les reproches adressés, dans quelques journaux, au Ministère actuel, sont-ils fondés?
R. Non, mille fois non.

Tant que le Ministère actuel continuera à marcher comme il l'a fait jusqu'à présent, n'y aurait-il pas, pour la monarchie constitutionnelle, de danger à le changer?
R. aff.

DEPUIS quelques jours la France est dans l'anxiété de savoir, si, comme quelques journaux ont semblé l'annoncer, le Ministère tardera peu à être dissous.

Avant de présenter mes réflexions sur ce

prétendu changement, je crois, pour qu'elles ne puissent paraître équivoques, ou sortir d'une plume vénale, exprimer, aussi brièvement que le temps me le permet, mes principes politiques.

1.° Je suis franchement dévoué à l'auguste Famille des BOURBONS, et sincère défenseur de nos institutions ou libertés publiques ;

2.° En franc royaliste constitutionnel, je prononce toujours avec enthousiasme le nom chéri des BOURBONS, et le mot sacré de Charte, et plains les insensés qui ne font que *bégayer* l'un ou l'autre ;

3.° Je distingue la légitimité de l'autorité royale, en ce sens que la légitimité est le droit de régner que le Monarque tient de sa naissance, tandis que l'autorité royale est le droit immédiat et nécessaire d'exercer cette légitimité conformément aux lois ; j'appelle celle-ci également *légitime*, parce que je nomme *légitime* tout ce qui est intime à la loi (*legi intimus*);

4.° Les principaux fondemens de la Charte dont je veux le maintien, sans lesquels elle ne serait plus qu'un édifice de *cartes*, sont : *Que tous les Français soient admissibles aux emplois, que tous participent aux contributions en proportion de leur fortune, que tous soient égaux devant la loi, que la publicité des jugemens soit observée, que le vote dans les élections soit libre et consciencieux, que personne ne puisse être distrait de ses juges naturels, la liberté de la presse sans abus, et que le régime et lois municipales soient adoptés, exécutés sans cabale et sans escobarderie;*

5.° Je veux une aristocratie (institution nécessaire de toute monarchie) qui soit l'appui du trône et l'amie de la nation; je repousse les gouvernemens olygarchiques, autocratiques et surtout les théocratiques;

6.° Je combats les actocrates, et abandonne, avec la même impartialité, au mépris du trône et de la nation, ces *canaillocrates* dont les vociférations, ressemblant à des friperies percées à jour, sont de de ne cesser d'appeler du nom de *Jacobins*, *Bonapartistes*, de *Révolutionnaires*, tous ceux qui ne veulent pas adopter leurs principes *gothiques* et *ostrogothiques*, principes dont l'adoption entraînerait dans le précipice et le maître et l'écolier;

7.° Je distingue dans les Etats deux sortes de révolutionnaires; les uns, qui veulent sans secousse, avec les armes de la persuasion, de la conviction, de la modération, de la prudence, passer *du mal au bien ;* les autres, qui, quoique moins nombreux, moins forts, mais plus audacieux, veulent tout compromettre, pour passer *du bien au mal*, ou *du mal au pire*. Les premiers sont amis de l'ordre, les seconds du désordre ou de l'anarchie ;

8.° Je forme des vœux pour que l'instruction et les lumières soient propagées en France, parce que 1.° l'instruction, n'en déplaise aux théocrates, apprend à l'homme les rapports qui existent entre lui et son créateur ; 2.° parce qu'il est plus glorieux, pour un Monarque, de régner sur une nation civilisée et instruite, que sur une nation qui ne l'est pas ; 3.° enfin, parce qu'un peuple, fanatique ou ignorant, est toujours plus disposé à la révolte, à l'assassinat, qu'un peuple éclairé ;

9.° J'admire et vénère le clergé de France, et le place au-dessus de tous les clergés de l'Europe, parce que, selon moi, il est celui qui prêche et pratique le plus les vertus évangéliques. Je vouerais à l'opprobre du genre humain tout prêtre, qui, plaçant au nom de Dieu le trône sous l'autel, ferait du confessionnal un commissariat *de police*, de la chaire un *commentaire* de Machiavel, de la sacristie, un *bureau d'octroi*, et qui, sous le prétexte d'enseigner aux enfans à aimer Jésus, comme l'aimait sainte Marie-Alaçoque, leur apprendrait à abandonner père et mère ;

10.° Je mépriserais tout prêtre ou laïc, qui, ayant chanté à perdre haleine, pendant dix ou douze ans, le *fac salvum Napoleonem*, oublierait le pardon généreux accordé à ses chants par l'auguste Famille des BOURBONS, et, moins chrétien que le Roi, mais voulant paraître plus royaliste que lui, vouerait inexorablement aux enfers ceux qui n'auraient été que ses imitateurs ou écoliers ;

11.° J'admire le génie militaire de Napoléon (génie surnaturel), mais j'ai en horreur son despotisme, dont l'époque et l'usage ne peuvent être regretés et revendiqués que par des *absolutistes* ;

12.° Je souris de pitié quand je vois des roturiers de la classe même la plus obscure, professer l'*absolutisme*, tandis que la plus grande partie des familles les plus anciennes ou illustres de France ont la sagesse, l'équité, d'approuver elles-mêmes la monarchie constitutionnelle ; roturiers assez insensés pour ignorer que, lorsqu'un autocrate leur tend la main, il dit tout bas: *Voici un ennemi de moins, un hébêté de plus*;

13.° Je pense que tout ce qui est noble, généreux et grand, est de l'essence d'une monarchie; je repousse loin de moi tout principe qui, sous le manteau de la politique, tendrait à faire de la monarchie un *bazar* de corruption;

14.° Je considérerais comme indigne de la confiance de tout gouvernement, tout être assez abject, assez vil, qui, sans esprit de religion, athée même, s'agenouillerait *jusqu'à plat ventre* dans les églises, croyant, à l'aide d'hypocrisie aussi criminelle, accaparer quelqu'emploi;

15.° Je confonds dans les mêmes sentimens d'admiration les Condé, les Villars, les Turenne, les Bayard, avec les héros des pyramides d'Egypte, de Marengo, d'Iéna, de Friedland, d'Austerlitz, de Wagram, et j'abandonne à tous leurs ridicules ces plats Zoïles, qui ne veulent reconnaître que les lauriers de la *bataille de Malplaquet*;

16.° Je voue à l'exécration de toutes les postérités les assassins de toutes les époques et de quel parti qu'ils aient pu être, et tiens, pour maxime constante, que celui qui chercherait à les justifier pourrait, à juste titre, être considéré comme possédant presque la perversité et scélératesse nécessaires à l'assasinat.

Enfin, et en dernier point, je respecte l'opinion de tous les hommes de bien, comme le fait un franc royaliste constitutionnel; et, pour prouver aux absolutistes et aux théocrates que mes principes sont meilleurs que les leurs, je cherche à les surpasser en loyauté, générosité et indulgence, tellement qu'au lieu de les souhaiter, comme ils me souhaitent peut-être au haut d'une *fourche patibulaire*, ou inscrit sur une belle lettre de cachet de *l'ancien bon temps*, je suis et serais toujours prêt à leur tendre la main s'ils étaient en danger.

Ma profession de foi politique ainsi faite, j'arrive aux deux questions que j'ai posées.

PREMIÈRE QUESTION.

Les reproches adressés au Ministère actuel sont-ils fondés?

Pour résoudre cette question, qu'on ne s'attende pas que j'aille ici invoquer les vertus et le mérite personnel des Ministres actuels ; je sais qu'en général la politique en tient peu compte à ceux qui les possèdent ; mettant à part, pour le moment, la question dont s'agit, je dirai seulement (et je fais ici appel à la conscience des gens de bonne foi, et au témoignage de toutes les personnes qui ont l'honneur de connaître particulièrement LL. EE.), que jamais la France n'a encore possédé un Ministère, qui réunit *à la fois* tant de talent, tant de lumière, tant de loyauté, tant de franchise, tant d'aménité, tant de facilité dans l'abord, tant de fonds d'honnêteté.

Qu'on ne s'attende pas non plus que j'aille ici rappeler ces discours et phrases brillantes d'honneur et de sincérité, qu'ils prononcèrent à la session de 1828, et que leur cœur éprouvait tant de joie à répéter dans leur conversation familière, car je sais encore que la politique ne transige jamais, quand il s'agit d'appliquer la maxime : *Res, et non verba, præstant fidem.*

Ce sont des faits qu'il lui faut ; ce sont les faits seuls qui seront donc mes argumens.

Avant de les exposer, il est pourtant

utile, pour les rendre plus patens, pour en mieux faire ressortir toute l'efficacité, d'entrer dans l'examen préalable de quelques considérations, de présenter en *aperçu* la conduite qu'ont tenue tour à tour les *royalistes constitutionnels*, et les *absolutistes* depuis la restauration jusqu'au jour où le Ministère actuel a pris le portefeuille. Ce préliminaire est juste et indispensable, car il me conduira à établir la position facile ou difficile des Ministres à l'époque où ils furent nommés, et qu'il serait d'ailleurs par trop irraisonnable d'apprécier les travaux d'un architecte, avant d'avoir examiné de quelle nature était le terrain sur lequel il a bâti, et quels étaient les matériaux qui étaient à sa disposition ; ce préliminaire ne sera pas, d'autre part, sans utilité, je pense, car il en résultera au moins pour les royalistes constitutionnels ce grand avertissement : *Sentinelles, prenez garde à vous*!

La France politique est divisée aujourd'hui en deux partis, savoir : les *royalistes constitutionnels*, et les *absolutistes* que, moi, en mon particulier, je nomme les *ultrà-égoïstes*, car ils ne réclament le pouvoir absolu en faveur du trône que par l'espoir d'en usurper plus tard, comme jadis, la plus grande portion; dans le parti des *absolutistes* sont compris les *théocrates*, qui provisoirement ont jugé ruse de guerre, de faire cause commune avec eux, dans l'espérance de voir arriver le jour où ils pourraient dire à leurs alliés : « *Messieurs, la campagne que nous avons faite* » *était scabreuse et périlleuse pour nous ; nous* » *avons dû recruter partout ; aujourd'hui* » *elle est finie ; la victoire est à nous ;* » *vous avez été nos dignes voltigeurs et* » *éclaireurs ; Dieu qui est au-dessus des rois* » *vous récompensera ; rentrez dans vos* » *rangs ; chacun à sa place. Amen.* »

Je prévois que la division, en deux partis, que je viens de faire, c'est-à-dire en parti *royaliste constitutionnel*, et en *parti absolutiste*, va échauffer, irriter fortement la bile de ces derniers ? Quoi ! vont-ils s'écrier, vous passez sous silence le parti *bonapartiste* et le parti *républicain* !

A ce reproche, je me hâte de donner d'avance la réponse :

La France contient, il faut le dire, des millions d'admirateurs du génie militaire de Napoléon, admiration méritée, et admiration inévitable chez une nation aussi courageuse, aussi belliqueuse, aussi grande, et aussi jalouse de gloire qu'elle; mais ces millions d'admirateurs, comme le reste de la France, eurent en horreur son despotisme, duquel, s'il est quelques partisans ou défenseurs, *ils ne peuvent se trouver que dans les rangs des absolutistes*, car le despotisme et l'absolutisme sont jumeaux. Disons donc qu'en France il n'y a point de *parti bonapartiste*, qu'il n'existe que dans le cerveau creux et sur la bouche vénimeuse de ces hommes, qui, ennemis de nos institutions, cherchent, pour les détruire, à se créer une armée de dupes.

Disons-en de même à l'égard de leurs assertions sur l'existence en France d'un *parti républicain.*

Quoiqu'elles ne mériteraient aucune réfutation et que la nation en ait déjà fait raison, cependant, comme les *absolutistes* les réitèrent chaque fois que l'intérêt de leur mauvaise cause le leur suggère, je vais présenter quelques courtes observations.

Quand la France eut le malheur de se voir privée, par les suites de 93, de l'auguste Famille des Bourbons, chacun, au milieu de ce chaos ou nouveau déluge, forma son utopie ; les hommes de bien formèrent la leur, les actocrates et les hommes pervers en firent de même ; l'utopie de ces derniers reçut, pour le malheur de l'humanité, son exécution ; de là, toutes les horreurs, tous les crimes, qui se commirent à cette époque.

Parmi ces hommes de bien, qui songèrent à la forme de gouvernement à donner à la France, il en est qui crurent que le républicanisme était la meilleure ; ils se trompèrent certainement ; ils l'ont, sans doute, reconnu depuis ; mais ces hommes vertueux, dont Rome et Sparte se fussent énorgueillis, étaient en petit nombre, la tombe en renferme déja la moitié ; et ceux qui restent, ne veulent ni ne peuvent former un parti ; ils ne forment qu'un grouppe séparé de vieillards, dévoués au Roi et à la Constitution.

Je sais qu'en 93 des scélérats commirent, sous les bannières du républicanisme, des crimes horribles ; mais ces faux républicains, enfans réprouvés de la France, dont le nombre fut augmenté par les Anacharsis-Clootz et autres, qu'envoyèrent perfidement quelques cabinets de l'Europe, ont péri presque tous par eux-mêmes, ou par vieillesse, ou par la main du bourreau.

Et dans l'hypothèse où quelques-uns d'entr'eux vivraient encore, il est aussi injuste, aussi outrageant pour la France, de dire qu'ils forment un parti, qu'il le serait de le soutenir, ou de le dire, à l'égard de cette poignée de misérables qui naguères, dans quelques villes du royaume, ont rendu leur nom trop célèbre par leurs crimes et atrocités.

Je le répète, il n'existe point en France ni de *parti bonapartiste*, ni de *parti républicain*.

J'arrive actuellement à l'aperçu rapide de la conduite que les absolutistes et les royalistes constitutionnels ont tenue tour à tour depuis la restauration.

Il va en résulter, que trois fois les absolutistes ont failli réussir à rendre illusoire notre Constitution ; deux fois, sans qu'il y ait eu en cela faute de la part des royalistes constitutionnels, et la troisième fois, par la faute de ces derniers.

En 1814, après la chute de Napoléon, les absolutistes crurent que le moment était propice pour rétablir l'absolutisme. Sans respect pour S. M. Louis XVIII, dont presque aucuns d'eux n'avaient partagé ni l'émigration, ni le malheur; sans respect, dis-je, pour cette Charte qu'il venait d'octroyer à son peuple; sans avoir assez de jugement, que dis-je? assez de gros bon sens, pour sentir qu'une nation, régénérée bien ou mal par vingt-six ans de révolution, ne consent pas à revenir, dans vingt-quatre heures, au premier point de son départ; sans observer que la France, quoique *rassasiée* de gloire et de victoires, ne pourrait ou ne voudrait jamais se résigner à perdre dans un jour tout le fruit de tant et tant de sacrifices consommés, il n'est pas de faute, d'imprudences (je ne dis pas tout), qu'ils ne commirent, pour rétablir leur idole, idole à la chute de laquelle ils avaient eux-mêmes contribué en n'ayant pas su la défendre, et en ayant accepté des emplois de ceux qu'il leur plaît de nommer aujourd'hui révolutionnaires.

Nieraient-ils ces fautes? Ah! leur dénégation serait superflue, surtout près de ceux qui n'ont pas oublié l'aveu franc, loyal et grand qu'en fit S. M. Louis XVIII, quelques jours avant le 20 mars 1815. Comme il faudrait des *in-folio* pour les retracer toutes, j'abandonne et laisse ce soin à l'historien; je dirai seulement, sans craindre leurs vociférations, que leur conduite de 1814 au mois de mars 1815 fut la cause efficiente de la facilité que Napoléon trouva à se rendre de Porto-Ferrajo à Paris ; qu'ainsi ils faillirent compromettre notre Constitution ; que dis-je ? qu'ils faillirent compromettre le trône de l'auguste Famille des Bourbons, et plonger ainsi la nation dans le deuil.

Voilà pour ce qui touche la première époque.

Arrivons à la deuxième.

Après la bataille de Waterloo, les absolutistes crurent que S. M. Louis XVIII ne pourrait cette fois résister à leurs prières, et à sacrifier à leur ambition le palladium de nos libertés publiques, c'est-à-dire, la Charte ; ce fut alors que leurs efforts à la détruire furent aussi actifs qu'ils avaient été nuls à repousser Napoléon à son retour de l'Isle-d'Elbe ; loin de montrer au trône et à la nation un repentir à leurs funestes précédens, ils redoublèrent d'audace, et ce à un tel point, que, si on eût vu en France, à cette époque, les Anglais, les Prussiens, les Russes, les Allemands, on eût pu peut-être croire que le vainqueur de l'Europe avait été vaincu par eux. Inutile de rappeler toutes les attaques, tous les combats qu'ils portèrent et livrèrent de 1815 à 1816 à notre Constitution ; ils sont gravés en traits ineffaçables dans le souvenir de la France, comme l'est pour toujours l'abus qu'ils firent de la présence des alliés.

Oseraient-ils se récrier encore sur ces reproches si mérités? je n'aurais, pour les confondre, besoin, que de les appeler au tribunal auguste de S. M. Louis XVIII, prononçant pour la seconde fois leur condamnation, par son ordonnance du 5 septembre 1816, ou la dissolution d'une chambre qu'il nomma l'*introuvable*.

Je ne parlerai point des lois qui furent rendues durant l'existence de cette chambre ; comme lois je les respecte, mais je dirai cependant que, si les lois sont les fibres, les muscles d'un gouvernement, ainsi qu'il est juste de le dire, notre Constitution eût fini bientôt par ressembler à un squelette, si S. M. Louis XVIII n'eût à temps et derechef prononcé: *La Charte a fermé pour toujours l'abîme des révolutions*.

Après cette ordonnance du 5 septembre 1816, la France sembla respirer ; la Constitution, sortant deux fois de l'agonie, parut entrer en convalescence, son nom n'était plus un mot séditieux, tout sembla annoncer qu'elle tarderait peu à être en bonne santé.

Espoir vain et superflu ! L'attente de la nation fut décue. En effet, les royalistes constitutionnels, ou pour mieux dire, leurs mandataires, trop enivrés peut-être de la victoire que leur donnait l'obtention de cette ordonnance, entassèrent, dans leur conduite de 1816 à 1821, faute sur faute, imprudence sur imprudence. Cette conduite fut une amalgame de tous les contraires, un amas de toutes les contradictions et incohérences humaines; le caractère fit place à la pusillanimité, la prudence à la précipitation, la détermination à l'indécision; mais ce ne fut pas là tout. Par une de ces combinaisons aussi impolitiques que téméraires, ils eurent, le croira-t-on ? la démence de faire alliance en 1821 avec les absolutistes; pourquoi faire ? pour renverser le Ministère de cette époque, sans prendre garde qu'il eût cent fois mieux valu passer l'éponge sur quelques erreurs de certains des Ministres, oublier même le *jamais*, échappé à l'improvisation, que d'exposer la France, comme cela arriva, à voir, pour conseils du Roi, des hommes présentés par ceux-là mêmes qui n'avaient pas craint d'attribuer l'assassinat de l'infortuné Duc de Berry aux effets des principes des *libéraux*, c'est-à-dire, des *constitutionnels* (car chez eux ces deux épithètes sont synonymes).

En peu de mots on peut dire que la conduite des royalistes constitutionnels ressembla, durant cette période de cinq ans, à celle de ce patron au *petit cabotage*, qui, sans boussole fixe et n'ayant pas eu la prudence de serrer la terre, tout à coup ne reconnaît plus sa position, et, après avoir long-temps louvoyé pour regagner la côte, finit par se laisser arriver sur des pirates qu'il aperçoit, dans la persuasion aveugle qu'ils lui donneront la route.

En 1821, la Constitution tomba donc de nouveau dans l'agonie, par le fait des royalistes constitutionnels.

Vainement objecteraient-ils que cette rechute fut l'ouvrage de quelques-uns des Ministres qui tinrent le portefeuille de 1816 à 1821 ? vainement citeraient-ils, à l'appui de leurs objections, ces lois d'exception, ces lois dérogatoires à la Charte qu'un Ministre présenta imprudemment et impolitiquement à la Chambre, à la sollicitation de ceux-là mêmes qui, jaloux et furieux de la confiance pleine et entière qu'avaient en lui le Roi et la nation, épiaient chaque jour le moment favorable de le renverser? vainement ajouteraient-ils encore que les erreurs de quelques-uns de ces Ministres portèrent la désertion dans les rangs des royalistes constitutionnels; ces premières objections et encore moins ces dernières, ne pourraient justifier les fautes qu'ils commirent.

En effet, à de pareilles objections on répondrait : On sait qu'à la honte de notre pauvre humanité, des Ministres ont quelquefois pu, à l'aide de distribution de titre, d'honneur et de fortune, porter une boule du côté droit au côté gauche et *vice versâ*; mais on tient aussi pour constant qu'une Chambre, composée de mandataires fidèles et doués de force de caractère, oblige toujours un Ministère à marcher avec elle, à abjurer ses erreurs s'il en a commises, ou, s'il s'y refuse, à se retirer tôt ou tard.

Disons, enfin, que de pareilles objections, de pareilles justifications de la part des royalistes constitutionnels, pour leur conduite de 1816 à 1821, devraient, s'ils les présentaient, trouver d'autant moins de crédit, que, parmi les Ministres qui tinrent à cette époque le portefeuille, la France compte aujourd'hui ses plus zélés et illustres défenseurs de ses libertés, les Pasquier, les Lainé, les Decaze, les Portal, les Roy, les Siméon, les Gouvion St-Cyr, etc., etc.; sont-ils royalistes constitutionnels ou absolutistes ? Persuadera-t-on jamais que des hommes aussi profonds en lumières, aussi grands philantropes, aient jamais partagé les idées de l'absolutisme, idées qui ne se trouvent que dans des cerveaux vides de sens, ou de mauvaise foi ?

Si le mal que les royalistes constitutionnels firent, de 1816 à 1821, à la cause de la Constitution, eût cessé avec les Ministres quils contribuèrent, à cette dernière époque, à renverser, la nation toujours généreuse dans le pardon, même à l'égard des absolutistes, ■ pourrait oublier leurs imprudences et leurs erreurs; mais ici va se présenter le triste résultat de leur conduite.

On pressent que je vais parler du Ministère Villèle, de ce Ministère qui, depuis son commencement jusqu'à sa fin, fut la troisième époque où l'absolutisme, redoublant de fureur, aiguisa toutes ses armes contre la Charte.

Si le lecteur s'attend à une énumération

ici, de ma part, de tout ce qui s'est passé sous ce Ministère, il se trompe. Quelle est la plume qui pourra jamais faire le tableau des coups qui furent, sous lui, portés aux vertus domestiques, sociales et politiques? Dans quel dictionnaire, dans quel vocabulaire, trouver des mots, des expressions assez tecniques, pour peindre ce raffinement de délation, de corruption, qui fut répandu et propagé jusque dans les hameaux? Quel est l'historien même qui pourra représenter, en traits saisissables, les marches, contre-marches, de cette armée occulte de corrupteurs, qui, au nom du ciel et de la morale, et distribuée dans tous les coins de la France, semblait porter pour ralliement, sur ses guidons : *Guerre à la Charte! guerre aux consciences*? Quelle est la nation qu'on pourrait citer, qui, avec tant de lumières, tant de générosité, tant de souvenirs glorieux, que la France, se résignât comme elle à reculer tout à coup de trois cents ans, et à se voir, pendant sept ans, ensevelie vivante dans le cercueil de l'humiliation et de la honte?

Pour moi qui reconnais l'insuffisance de mes capacités ou forces à faire ce tableau, je me bornerai à dire qu'au souvenir de ce qui s'est passé sous ce Ministère, on serait autorisé à croire, 1.° que la Russie, l'Autriche, la Prusse, l'Italie et le Piémont, après avoir chassé de chez eux les enfans des Loyola, des Alquaviva et des Lainez, les avaient, dans des vues politiques, envoyés à nos absolutistes de France, à titre de *renforts*; 2.° que la Turquie et le royaume de Naples leur avaient expédiés pour *contingent*, la première ses jannissaires, ses spaskis et baskirs, le second, ses colonnes de sbires; 3.° que l'Espagne, s'étant chargée de la *réserve*, leur avait envoyé, *à pleins chariots*, ses *alguazils* et les *familiers de l'Inquisition*; 4.° enfin, on serait autorisé à penser qu'arrivées à leur destination, ces hordes et bandes avaient été mises sous le commandement de quelque Tercide, ou sous celui de quelque Quasi-Coriolan (je dis *Quasi-Coriolan*, c'est-à-dire, de quelque traître comme le Romain, mais n'en possédant pas le courage).

Je ne m'arrêterai point sur l'époque de 1827, c'est-à-dire, sur l'agonie des absolutistes; je ne rappellerai point les fausses voies, les moyens insensés qu'ils employèrent pour conserver une domination qui allait leur échapper; je n'irai point non plus compulser, au sujet de leur fin *tragique*, l'arrêt de la Cour Royale de Paris, pour y vérifier s'il y est écrit, ou non, le *finis coronat opus;* je dirai seulement, que, s'il est vrai que le malheur est lui-même parfois bon à quelque chose, cette déplorable septennalité aura servi, au moins, à prouver à l'Europe entière que la France est dévouée à son Roi, patiente, ennemie de la révolte, et qu'elle ne veut conserver son indépendance intérieure qu'avec les armes de la persuasion et de la conviction; cette déplorable septennalité aura servi encore, quelque coûteuse qu'elle soit, à prouver que tout Ministère qui aurait désormais la pusillanimité de se laisser dominer, commander par des *absolutistes théocratiques jésuitiques*, s'exposerait, comme le Ministère Villèle, à *voir ses volontés et son but surpassés*, et à tomber, comme lui, au milieu des applaudissemens d'un peuple qui tient pour maxime irrévocable : *Que la raison ne rétrograde pas.*

Telle est, en aperçu, la conduite des absolutistes sous le Ministère Villèle, enfant légitime des fautes et erreurs des royalistes constitutionnels.

Si j'ai dit vrai, prononcez, royalistes

constitutionnels, le *maximâ culpâ*; recevez de la France l'absolution; mais au moins dites et répétez sans cesse : *On ne m'y prendra plus.*

Les vœux de la France furent enfin exaucés; pour la troisième fois, le roi arrêta les absolutistes dans leur course de géans; parut le Ministère actuel, et sortit de l'urne électorale cette élite de mandataires dont s'honore la France, et à la nomination desquels la fraude et l'intrigue n'avaient point, cette fois, participé.

Pour apprécier la marche des Ministres actuels, depuis le 4 janvier 1828, jour de leur nomination, et repousser les reproches injustes que quelques feuilles leur ont naguères adressés, il convient de bien établir quelle était leur position lorsqu'ils prirent le portefeuille.

La Charte ressemblait à la statue de *Glaucus*, défigurée par les orages, ou à ces Amadones ou bonnes Vierges, mutilées par la rage révolutionnaire de 93.

Les absolutistes, furieux de leur défaite, répandaient les pronostics les plus sinistres; selon eux, la France n'était plus qu'une pépinière de *jacobins*, préparant une nouvelle révolution; les bruits les plus sinistres et les plus *baroques* étaient par eux perfidement répandus, par de malheureuses créatures qu'ils payaient pour les propager clandestinement (1).

D'un autre côté, l'enthousiasme, les transports de joie des royalistes constitutionnels, pouvaient laisser craindre qu'un élan trop prompt, trop précipité à reconquérir ce

(1) Me trouvant à Paris dans le mois de février 1828, je fus accosté près des Tuileries, au moment où le duc d'Angoulême sortait en voiture; une dame bien vêtue, âgée d'une quarantaine d'années, se présenta à moi; puis, feignant d'ignorer quel était le personnage qui se trouvait dans la voiture où était le Prince, elle me le demanda; je le lui dis. Alors elle répliqua : « Monsieur, vous me paraissez » être un honnête-homme; il faut que je vous apprenne » ce qui se passe dans Paris » puis s'écriant : « malheureux » Bourbons! malheureux Princes! » Elle me dit que *dans Paris les clubs étaient rétablis*; que Benjamin Constant, Casimir Perrier et La Fayette, à la tête des libéraux et des jacobins, fomentaient une nouvelle révolution, qu'on s'attendait d'un instant à l'autre à les voir monter à cheval et se porter contre le gouvernement du Roi; « mais leurs projets, dit-elle, » seront déjoués, car je suis chargée d'en prévenir tous les » hommes de bien. » Curieux de savoir quelle était cette dame, je la priai de me permettre de l'accompagner jusque chez elle, où elle me dit qu'elle se rendait; sur son refus mystérieux, je feignis de *prendre congé d'elle*, résolu de la suivre de vue jusqu'à ce que je la visse entrer à son logement. Bref, je sus positivement que c'est une Vendéenne, et je n'hésitai pas à penser qu'elle vit à Paris, ainsi que beaucoup d'autres, de la paie *à titre de secours* que leur donnent quelques absolutistes, pour propager leurs contes, fables, et annoncer des *croquemitaines*.

qu'ils avaient perdu dans les sept années précédentes, ne les fissent dépasser leur but.

Au milieu de tant de regrets d'une part, et tant d'espérances de l'autre, voyons ce que firent ou ont fait les Ministres. Entrés chacun dans l'hôtel de leur Ministère respectif, ils trouvent, à côté de leur porte-feuille, des cartons pleins de destitutions, de révocations, de dénonciations, pour cause d'opinion politique ; enfin, toutes les saintes reliques du Ministère auxquels ils ont succédé. Ils s'empressent, autant que cela leur est possible, de réintégrer les fonctionnaires, ou employés, destitués ou révoqués, sans attendre l'ouverture même de la session ; la session s'ouvre ; là ils trouvent une chambre, toute remplie, il est vrai, des meilleures intentions, mais variant dans les fins et moyens ; chaque fraction dissidente leur crie que hors son opinion point de salut. Que font alors les Ministres? ils prennent franchement la voie de l'ordre légal, la Constitution devient leur boussole, et ne cherchant d'autre majorité, d'autre appui, que celui de leur conscience et de leur conviction, la France, dans moins de six mois, obtient deux lois et une ordonnance royale, qui, à elles seules, formeraient un trophée pour la plupart des peuples de l'univers ; trophée, disons-le franchement, que nous, Français, nous n'avions encore connu que de nom ; on comprend facilement que je veux parler de la loi sur la presse, de la loi sur les élections et de l'ordonnance du 16 juin ; la France avait, comme je l'ai déjà dit, rétrogradé, sous l'ancien Ministère, de trois cents ans ; sous les Ministres actuels, elle regagne dans moins de ces six mois, non seulement ces trois siècles, mais avance de plus de cinquante ans. S'il pouvait se trouver un homme assez aveugle pour nier ces vérités incontestables : Songez, pourrais-je lui dire en dernière réponse, qu'à peine une année s'est écoulée depuis la création de ce nouveau Ministère, *que la France touche au moment de posséder les lois municipales.*

Hâtons-nous de le dire (car, enfin, l'évidence ne se démontre pas) le Ministère actuel a su défendre, comme il le devait, et la prérogative de la couronne, et tout faire en même temps pour nos libertés publiques ; il l'a fait non seulement de bonne grâce, mais encore il est allé au-devant des vœux de la nation.

Quant à ce qui concerne des intérêts particuliers ou individuels, je sais qu'on objecte que beaucoup de royalistes constitutionnels qui ont perdu sous l'ancien Ministère leur emploi, n'ont pas encore été replacés; je n'ignore pas non plus qu'on objecte encore que quelques nominations du premier ordre et quelques-unes subalternes ont été faites sous ce Ministère, en faveur d'hommes pris dans les rangs des ennemis de nos institutions.

En ce qui touche la première de ces objections, ma réponse est celle-ci : Si ceux qui la présentent, avaient sous les yeux la liste nominative et numérique de tous ceux des royalistes constitutionnels qui ont été depuis le 4 janvier 1828 nommés ou réintégrés, ils retracteraient indubitablement leur reproche, et seraient convaincus que les Ministres actuels, malgré leurs nombreux travaux, n'ont pas plus négligé le *rem privatam* que le *rem publicam*; que, s'ils n'ont pas fait plus, c'est que l'occasion ne s'est pas présentée ; et, que dans ce monde, les excellences sont, dans leur zèle et dans leurs forces, limitées, comme le sont tous les autres mortels.

Pour ce qui est de la seconde objection, et en admettant pour le moment que les faits sur lesquelles elle repose soient vrais, elle ne peut être que l'effet de l'irréflexion ou d'une contradiction de principes.

Pour le prouver, posons hardiment quelques vérités.

En France tout le monde n'est pas royaliste constitutionnel, tout le monde bien moins n'est pas absolutiste, *mais tout le monde veut des places*; cette soif d'emplois est telle, qu'il y a peu de royaliste constitutionnel qui en refusât sous un *pouvoir absolu*, et bien moins encore d'absolutistes (proportion numérique gardée) qui y renoncent aujourd'hui sous notre gouvernement constitutionnel. Première vérité.

Passons à une seconde.

Cette soif ou fureur de places meut tout pour les obtenir, et celui qui en est dominé a toujours bien soin, comme on le conçoit, de cacher son opinion, soit près le Ministre auquel il s'adresse directement, soit près celui qu'il emploie pour intermédiaire, lorsqu'il sait qu'ils ne partagent pas ses principes politiques; aussi serait curieuse, à l'appui de cette vérité, la collection qui serait faite des demandes d'emplois formées, par certains individus, sous les divers Ministères qui se sont succédés depuis quinze ans ; là, on verrait qu'*ils dédaignent*, *repoussent la Charte*, ici qu'*ils la veulent*, qu'*ils l'adorent*, etc.

Une autre vérité : La révolution a rapproché d'une manière extraordinaire toutes les classes de la société, à un tel point, qu'il est peu d'huissiers, de gardes-champêtres aujourd'hui, qui ne puissent invoquer même, en leur faveur la protection que leur a accordée ou accorde tel ou tel Député, Conseiller-d'Etat, Pair ou Maréchal de France, etc.

Arrivons à une dernière vérité moins contestable, dans tous les cas, que les précédentes : Le Roi a le droit de nommer aux emplois qui bon lui semble.

De ces quatre vérités il résulte, 1.° que, si quelques nominations du premier ordre ont eu lieu en faveur de quelques-uns des ennemis de nos libertés, c'est qu'ils auront pu arriver jusqu'aux pieds du trône, qu'ils y auront tu leur animadversion pour la Charte, qu'ils auront obtenu directement du Monarque leur nomination, sans que les Ministres actuels y aient participé, et sans qu'il leur ait été permis, *décemment* et *constitutionnellement*, de s'y opposer.

2.° Que, si quelques places subalternes

ont été données à des *absolutistes*, c'est qu'ils auront peut-être eu soin de se glisser, en *tapis noir*, près des Ministres, de leur protester perfidement de leur amour pour la Constitution; protestation qu'ils auront ensuite fait étayer de la recommandation de quelque personnage généreux et puissant. Les Ministres ne sont-ils pas sujets à être trompés? est-ce que, malgré les livres rouges ou noirs des absolutistes, il n'y a pas eu, sous l'ancien Ministère, des libéraux qui ont trouvé aussi le moyen de faire coucher leur nom sur de bonnes ordonnances de nomination? pourquoi, donc, à l'aide de pareils faits, de pareilles objections, ferait-on des reproches extravagans à des Ministres qui consacrent leurs jours et leurs nuits à consolider notre gouvernement représentatif, et à réparer les maux passés? Français dévoués au Roi, amis de nos institutions, dites et répétez avec moi: « Non, » et mille fois non, le Ministère actuel ne » mérite pas les reproches à lui adressés. »

DEUXIÈME QUESTION.

Tant que le Ministère actuel continuera à marcher comme il l'a fait jusqu'à présent, n'y aurait-il pas, pour la Monarchie constitutionnelle, de danger à le changer ?

Les réflexions que je viens de tracer succinctement dans l'examen de la première question, devraient sans doute suffire pour la solution de cette seconde ; cependant des idées d'un tout autre ordre, me semblant devoir être présentées séparément sur celle-ci, je vais les exposer.

J'ai dit, en parlant de la France, qu'elle est divisée en deux partis, savoir, le parti *royaliste constitutionnel*, et le parti *absolutiste*; j'en dis de même du restant de l'Europe, à cette différence que les Français possèdent un gouvernement représentatif, et que les autres peuples, à l'exception de l'Angleterre, sont dans l'espoir de l'obtenir ou de le conquérir. Les uns tiennent, les autres attendent. Chaque peuple, partisan du gouvernement représentatif ou d'une constitution, a donc, quel qu'il soit, les absolutistes pour ennemis ; mais ceux-ci, à l'exception, comme je l'ai déjà dit, de la France et de l'Angleterre, sont maîtres partout du pouvoir, et ils en usent et abusent pour le mieux conserver, car ils savent qu'il est de l'essence de l'*absolutisme* de se maintenir par l'*absolutisme*; convaincus que les peuples n'attendent que l'occasion favorable de secouer le joug sous lequel ils sont courbés depuis des siècles, qu'ils brûlent du désir de sortir de cet état d'abrutissement, de servitude et de honte où ils les ont plongés; convaincus, d'autre part, que la France est aujourd'hui, pour toutes les nations, surtout pour celles chez qui elle a porté ses phalanges, l'étoile pôlaire de la civilisation, et le présage des gouvernemens constitutionnels en Europe, les absolutistes de tous les Etats s'entendent, s'unissent, redoublent d'efforts et de tous leurs moyens, pour renverser la forme du gouvernement français, comme à renverser tous ceux qui pourraient lui ressembler; de là, ces saintes alliances (inspirées, conseillées par eux fallacieusement aux souverains); de là, ces principes d'*intervention*, qu'ils invoquent *pour et contre* à leur gré et bon plaisir.

Cette vérité conduit à celle-ci : Plus un peuple est serf ou éloigné de la civilisation, plus il existe la preuve que les absolutistes sont les maîtres du pouvoir, et que ce gouvernement est ennemi de ceux qui sont représentatifs; de là, la conséquence, que les cabinets de Berlin, de Vienne, de Saint-Pétersbourg, de Constantinople, etc., voient plus ou moins avec peine la France accomplir, à l'aide de la Charte, ses hautes destinées. Je dis *plus* ou *moins*, car la Prusse est plus disposée à adopter la forme des gouvernemens vraiment représentatifs, que l'Autriche; l'Autriche, que la Russie; la Russie, que la Turquie.

Je m'attends que les partisans aveugles de la guerre actuelle que fait l'empereur de Russie à la Turquie, m'objecteront que mon opinion est erronée à l'égard du cabinet de Saint-Pétersbourg, car ils diront, comme ils se sont plu à le propager, que cette guerre est faite dans l'intérêt de la civilisation et de l'humanité; pour moi, je pense que cette guerre n'a été projetée et commencée que par l'esprit de conquête; que la malheureuse Grèce a été le prétexte, et Constantinople le but; que, pour que l'empereur de Russie trouvât aujourd'hui crédit à toutes les protestations et proclamations dont il a fait précéder les hostilités, il eût dû commencer par affranchir tous les serfs qu'il a dans son empire; que, ne l'ayant pas fait, la civilisation et les gouvernemens représentatifs n'ont rien d'avantageux à espérer de cette lutte, de quel côté que soit la victoire; car, si elle reste au chef des Musulmans, celui-ci ne renoncera point pour cela à recevoir, à titre de présent ou à titre de *petit memento*, des oreilles coupées ou des *têtes salées*, et, si c'est l'autocrate Russe qui triomphe, il n'ordonnera certainement pas au roi des Kurgis de quitter son bonnet de *peau et à queue de renard*, pour ceindre l'épée de Wahingston, ou prendre le chapeau de Canning.

Tenons donc pour positif que la nouvelle France a, pour ennemis ou jaloux de son gouvernement représentatif, tous les cabinets dont je viens de parler.

Cependant, disons-le; la France, en marchant d'un pas ferme, mais modéré, vers l'affermissement de ses institutions, n'a pas à redouter aujourd'hui l'intervention à main armée de ces puissances, ni de celles de l'Espagne, du Portugal et de l'Italie; car, leur gouvernement occupé à retenir l'élan de leurs peuples à sortir de la servitude, ils n'ignorent pas qu'une telle détermination serait pour eux périlleuse ; ce qui seul pourrait les y décider, serait l'*anarchie*, que nous devons pour nous-mêmes éviter. Mais ce que nous devons craindre de leur part, c'est l'envoi d'agens secrets en France, dans le but de nous diviser, de nous corrompre, et pour affaiblir, paralyser, et même annuller, notre Constitution. Mais, parmi les cabinets de l'Europe que j'ai cités comme ennemis de nos libertés, de notre indépendance, ai-je signalé celui qui nous est le plus contraire et que nous avons le plus à redouter? non ; je vais le faire.

On conçoit que je veux parler de l'Angleterre ; ici ma tâche est pénible, mais facile.

« Peuple d'Angleterre, ne crois pas que » j'aille ici t'accuser, au tribunal de l'Europe ou du monde entier, de la marche » et de la politique de ton gouvernement ; » l'accusation, je le sais, serait injuste, car » je n'ignore pas que la maxime, que *les* » *gouvernemens font les peuples*, subit de » grandes exceptions, et qu'à toi seul tu » fournis la preuve frappante de cette pré» cieuse vérité !

» Ami des arts, apte à toutes les sciences,

» courageux dans les combats, généreux
» après la victoire, humain et hospitalier,
» civilisé et indépendant, je te place, en
» raison de tant de vertus réunies, au-dessus
» de tous les autres peuples de l'Europe, à
» l'exception de celui de la France dont
» tu es le rival.

» Quoique les nations, comme chaque
» mortel, aient leurs momens de faiblesse
» ou d'erreur, je lave, avec l'éponge de
» l'impartialité, les pages de ton histoire,
» des reproches que l'ignorance t'adresse,
» et surtout de celui, *d'avoir excité le léo-*
» *pard à dévorer l'aigle tombé à ses pieds,*
» *frappé par la foudre.*

» Je te salue, grand peuple, et j'arrive
» à l'examen pénible de la politique de
» ton gouvernement. »

L'Angleterre, possédant, ainsi que la France, un gouvernement représentatif, semblerait, comme cette dernière, devoir commander l'amour et l'admiration de tous ceux des peuples de l'Europe, qui moins heureux qu'elle, gémissent sous le despotisme ou l'absolutisme; par quelle fatalité semble-t-elle cependant avoir préféré à ces sentimens l'exécration de toutes les nations qui ont cessé d'être dupes de la marche de son cabinet? Voyons, examinons quelles en sont les causes.

Le cabinet de Saint-James, toujours dirigé par un esprit de domination, et par celui de s'élever entre les autres nations, au-dessus de la position que la nature semblait lui avoir assignée ou fixée, a pensé qu'il devait avoir recours aux armes d'une politique, je ne dirai pas machiavélique (car celle-ci ne lui a pas suffi), mais à une politique infernale.

Parcourons-en tous les labyrinthes, et pénétrons ensuite jusque dans ce second antre à Cacus.

« La force morale, s'est-il dit, est le » grand levier des forces physiques, et, » par conséquent, celui des peuples; de » même qu'un homme petit de taille, faible » de constitution, fait mouvoir un homme » grand et robuste, sur lequel il a de l'ascen- » dant, de même aussi un état peu peuplé, » peu étendu, peut, à l'aide de cet ascen- » dant ou force morale, mouvoir un em- » pire, un vaste royaume, les retenir dans » leurs projets, ou les plonger dans une » espèce de léthargie. — Pour acquérir » cette force morale, il faut d'abord, 1.° » donner à l'Angleterre un gouvernement

» représentatif, ne rien négliger pour la » faire parvenir au plus haut degré de civi- » lisation ; 2.° répandre dans les quatre par- » ties du monde, surtout chez les peuples les » plus courbés sous le poids du despotisme, » les avantages de son gouvernement ; afin » que, dans le cas où elle aurait la guerre » avec les chefs, rois ou empereurs de » ces peuples malheureux, elle puisse à » peu de frais les combattre, en promet- » tant fallacieusement à ces derniers l'in- » dépendance ou une constitution ;

» 3.° Comme l'Angleterre ne serait qu'une » nation du second ordre, *si toute l'Europe* » *jouissait d'une constitution ou d'un gou-* » *vernement représentatif*, nous emploierons » secrètement et clandestinement tous les » moyens imaginables, pour qu'elle seule » jouisse des bienfaits d'un tel gouverne- » ment ;

» 4.° Enfin, l'Angleterre étant menacée » chaque jour de périr par l'état de ses fi- » nances, nous susciterons la guerre et la dis- » corde partout, et, pour y mieux réussir, » *nous porterons la servitude où serait l'é-* » *tendard de la constitution*, *et un simulacre* » *de constitution où serait la servitude*. En- » suite nous interviendrons dans tous les

» traités pour arracher des millions, et imite-
» rons, par-là, ces oiseaux de proie, qui,
» après les combats, s'engraissent des cada-
» vres restés sur le champ de bataille. »

Telle fut et telle est la politique de ce cabinet que je considère, malgré son gouvernement représentatif, comme le fléau, la peste de l'humanité. Williams-Pitt fut déclaré, par un décret de la convention, *ennemi du genre humain*; moi, je désirerais que tous les cabinets du monde entier, absolutistes, monarchiques, constitutionnels ou républicains, proclamassent, par un manifeste, la cessation de tout rapport politique et de commerce avec celui de Saint-James, jusqu'à ce qu'il eût donné des garanties d'une conduite et marche, franches et loyales, et eût abjuré son charlatanisme.

Heureusement que cette politique commence à être appréciée de l'Europe; le Portugal en a révélé dernièrement un des nœuds; s'il est vrai de dire que le péché conduit à la pénitence, l'Angleterre doit s'apercevoir que, depuis quinze ans surtout, son crédit tombe chaque jour, et que, tôt ou tard, elle cessera d'être l'ancienne Sparte, *pour n'être plus que la Sparte d'aujourd'hui.*

Canning eût pu la sauver du principe où elle court, mais Wellington l'y conduit; ce dernier semble être destiné à augmenter le nombre de ces hommes qui, sortis des convulsions que l'Europe a éprouvées depuis quarante ans, dans lesquelles ils ont trouvé fortune, honneur et célébrité, sont les enfans les plus ingrats de leur patrie, et les ennemis les plus acharnés des principes, à l'existence desquels ils doivent cependant aujourd'hui leur existence politique et sociale.

Le cabinet de Saint-James est donc un cabinet dont la France doit, aujourd'hui plus que jamais, redouter la politique et les manoeuvres ; je dis *aujourd'hui plus que jamais*, parce qu'aujourd'hui la France, s'acheminant à la conquête parfaite d'un gouvernement représentatif, et par conséquent à la puissance et à la gloire, excite doublement sa jalousie et lui fait envier l'occasion, ou le prétexte, de renverser ou de paralyser notre constitution.

Français, royalistes constitutionnels, tenant pour certain que les absolutistes des autres nations, et ceux que renferment la France, sont ennemis de nos institutions, et qu'ils nous voient avec peine jouir d'un gouvernement représentatif, sous un Ministère qui vise franchement à le consolider, gardons-nous bien de rien faire qui pourrait contribuer directement ou indirectement à sa chûte, car elle placerait peut-être (la religion des rois pouvant être surprise) le portefeuille entre les mains, soit de quelques absolutistes, soit de quelques anarchistes, qui, les uns comme les autres, sont les adversaires redoutables de toute Monarchie constitutionnelle.

ET VOUS, DIGNES DÉPUTÉS,

Ne perdez pas de vue que les Ministres, sans être vos chefs, sont vos pilotes ; comme tels, ils se sont chargés de ramener le vaisseau de l'Etat, *qui arrive de lointain ;* pilotes modestes et prudens, ils réclameraient vos conseils, si le bâtiment se trouvait en danger ou dans une route incertaine ; mais, tant qu'il cingle, évitant les écueils et les rescifs, vers le lieu de sa destination, et que déjà vous apercevez le phare, songez à les conserver et non à les faire remplacer ; et surtout n'oubliez pas ce qu'a dit le sage La Fontaine :

Un tient vaut mieux que deux tu l'auras.

www.ingramcontent.com/pod-product-compliance
Lightning Source LLC
LaVergne TN
LVHW020246230826
846091LV00006B/2266

* 9 7 8 2 0 1 2 3 9 8 5 0 4 *